Liebe Eltern,

wir wollen Ihr Kind beim Lesenlernen unterstützen, und zwar mit Geschichten, die Spaß machen.

Unsere Bücher mit dem liebenswerten Leselöwen begleiten Ihr Kind durch die 2. Klasse. Sie enthalten drei bis vier Geschichten zu einem spannenden Thema, mit einfachen Sätzen und gut lesbarer Schrift. Viele bunte Bilder sorgen für Lesepausen und helfen, die Geschichten zu verstehen. Mit den Aufgaben zum Text kann Ihr Kind selbst prüfen, ob es den Text richtig verstanden hat. Zu den markierten Wörtern warten am Ende des Buches spannende Fakten und in unserem Onlineportal finden Sie viele weitere Extras!

So wird Ihr Sohn oder Ihre Tochter zum echten Leselöwen!

Ihr
Leselöwe

Jetzt geht es **los!**

Leselöwen

KATJA REIDER

SCHULKLASSENGESCHICHTEN

ILLUSTRIERT VON STÉFFIE BECKER

www.leseloewen.de

ISBN 978-3-7855-8701-0
1. Auflage 2017
© Loewe Verlag GmbH, Bindlach 2017
Illustrationen: Stéffie Becker
Umschlaggestaltung: Michael Dietrich
Vignetten Leselöwe: Angelika Stubner
Printed in Poland

www.loewe-verlag.de

INHALT

FALSCHES SPIEL 8

DER NEUE LEHRER 20

EIN GUTER GRUND 30

KLASSENSTREIT 44

FALSCHES SPIEL

FRAU MURR, DIE KLASSENLEHRERIN
DER 3A, STRAHLT IN DIE RUNDE:
„HEUTE IST JA **WANDERTAG**.
DAFÜR HABE ICH MIR
ETWAS BESONDERES AUSGEDACHT!"
„GEHEN WIR INS ABENTEUER-LAND?",
FRAGT NELE AUFGEREGT.

FRAU MURR SCHÜTTELT DEN KOPF.

„WIR MACHEN EINE STADT-RALLEY!

IHR STARTET IN DREI GRUPPEN:

BLAU, ROT UND GELB.

JEDE GRUPPE MUSS FÜNF RÄTSEL LÖSEN.

DIE ANTWORTEN FÜHREN EUCH DANN

ZU DEN GESUCHTEN ORTEN."

„BESTIMMT LAUTER ALTE SEHENSWÜRDIGKEITEN! KÄSTEN UND GEMÄUER!", RUFT AMIR.
FRAU MURR LACHT.
„JEDE GRUPPE NIMMT EIN HANDY MIT. WENN IHR EINE STATION ERREICHT HABT, KNIPST IHR EIN FOTO ALS BEWEIS, DASS IHR WIRKLICH DA WART."

„UND WO IST DAS ZIEL?", FRAGT NELE.
„AM ENDE TREFFEN SICH ALLE
IN DER EISDIELE AM MARKT",
ERKLÄRT FRAU MURR.
„MAL SEHEN, WELCHES **TEAM**
ZUERST DORT ANKOMMT!
DANN MAL LOS! VIEL GLÜCK!"

WENIG SPÄTER BEUGEN SICH DIE TEAMS
ÜBER IHRE AUFGABEN-ZETTEL.
„EISERNE FLÜGEL ZIEREN DIESES TOR,
EIN DICHTER WACHT DIREKT DAVOR",
LIEST AMIR VOR.
„WAS SOLL DAS DENN SEIN?",
FRAGT NELE.

„DAS GOETHE-DENKMAL AM PARK!",
RUFT TIM AUS. „LOS, KOMMT!"
GRUPPE BLAU STÜRMT LOS.
ZUM GLÜCK IST DER PARK NICHT WEIT.
ZACK – IST DAS FOTO IM KASTEN!
SCHNELL WEITER! ABER WOHIN JETZT?

„EIN STOLZER VOGEL HIELT DORT WACHT,
BIS ER GERAUBT WURD' IN DER NACHT!",
LIEST NELE VOR. „HMM ... DAS IST
DER BRUNNEN AM RATHAUS, ODER?
DA FEHLT DER ADLER OBEN DRAUF!"

„ECHT?", STAUNT AMIR. „DAS IST MIR NOCH GAR NICHT AUFGEFALLEN!"
DAFÜR ERRÄT ER DIE NÄCHSTEN ZIELE: RATHAUS UND WASSERTURM.

LETZTE STATION IST DIE STADTHALLE.
DANN RAST GRUPPE BLAU ZUM ZIEL.
„WETTEN, DASS WIR DIE ERSTEN SIND?",
KEUCHT TIM.
IRRTUM: TEAM ROT SITZT SCHON
IN DER EISDIELE NEBEN FRAU MURR!
WIE IST DAS MÖGLICH?

ENDLICH KOMMT AUCH TEAM GELB.
„NA, DANN ZEIGT MAL EURE FOTOS",
SAGT DIE LEHRERIN.
„ZUERST DIE BILDER DER GEWINNER."
„DA STIMMT WAS NICHT!", RUFT TIM.
DAS FOTO ZEIGT GRUPPE ROT
VOR DER STADTHALLE.

ABER DA AUF DEM HALLENDACH
LIEGT SCHNEE!
„IHR HABT EUCH EINFACH VOR DEM PLAKAT
FOTOGRAFIERT", SAGT AMIR EMPÖRT.
„DAS HÄNGT JA ÜBERALL."
„WIR WOLLTEN ZEIT SPAREN",
GIBT PAUL ZERKNIRSCHT ZU.

FRAU MURR SCHÜTTELT DEN KOPF.
„GANZ SCHÖN FRECH!
ICH WEISS, WER MORGEN ZUR STRAFE
DIE TAFEL SCHRUBBEN WIRD!"
„UND ICH WEISS, WER JETZT SIEGER-EIS
BEKOMMT!", RUFT AMIR AUS.
NA KLAR, TEAM BLAU!

DER NEUE LEHRER

„ACHTUNG, ER KOMMT!",
ZISCHT NICK WARNEND.
ALLE HUSCHEN AUF IHRE PLÄTZE.
SPANNUNG LIEGT IN DER LUFT.
HEUTE IST EIN GANZ BESONDERER TAG:
DER NEUE KLASSENLEHRER KOMMT!
UND DAS IST NOCH NICHT ALLES …

DIE KINDER ATMEN AUF.

DER NEUE SIEHT ECHT NETT AUS!

„HALLO, LIEBE KLASSE 2C", SAGT ER.

„ICH BIN HERR BRILL, DANIEL BRILL.

UND EURE NAMEN MÖCHTE ICH

NATÜRLICH AUCH SCHNELL LERNEN.

HABT IHR NAMENSSCHILDER DABEI?"

KEINE REAKTION.

NANU? HERR BRILL STUTZT.

„ALSO GUT, DANN TRAINIERE ICH EBEN MEIN GEDÄCHTNIS:

WIE HEISST DU?", FRAGT ER NICK.

„JA-IN-DER-MAPPE", SAGT NICK
WIE AUS DER PISTOLE GESCHOSSEN.
„SCHÖNER NAME", MEINT HERR BRILL.
„UND DU BIST?", FRAGT ER LARA.
„NICK!", ANTWORTET LARA HÖFLICH.
IHRE MUNDWINKEL ZUCKEN.

„SOSO", MURMELT HERR BRILL.

„UND DEIN NAME?", FRAGT ER YUSUF.

YUSUF GLUCKST: „L…L…LARA."

„AHA." HERR BRILL ÜBERLEGT.

„MIR WURDE GESAGT,

EUER **KLASSENSPRECHER** HEISST NICK.

WER VON EUCH IST DAS?"

JEMAND KICHERT.

„YUSUF", RUFT EINER VON HINTEN.

DOCH HERR BRILL MUSTERT NICK.

DER IST VERDÄCHTIG ROT ANGELAUFEN.

„BIST DU NICK?", FRAGT HERR BRILL.

„NA SO WAS, ICH DACHTE,

DU HEISST ‚JA-IN-DER-MAPPE'?"

NICK ÜBERLEGT. „ÄH, JA! ALSO, NEIN."
HERR BRILL KRATZT SICH AM KOPF.
„GANZ SCHÖN VERWIRREND HIER!
DABEI WOLLTE ICH ZUR BEGRÜSSUNG
EINE RUNDE MUFFINS SPENDIEREN!"
DER LEHRER GRINST IN DIE KLASSE.
„MÖGT IHR SCHOKO-MUFFINS?"

DIE KLASSE 2C GUCKT SICH AN.
WÄRE DIE RICHTIGE ANTWORT JETZT: NEIN?
HÖCHSTE ZEIT, DAS SPIEL ZU BEENDEN!
„JAAAA!", BRÜLLEN ALLE UND DANN:
„APRIL, APRIL, HERR BRILL!"

HERR BRILL VERTEILT LACHEND MUFFINS.
„BOAH, SIND DIE LECKER!",
SAGT LARA MIT VOLLEN BACKEN.
ALLE NICKEN BEGEISTERT.
„HABEN SIE GLEICH GEMERKT,
WAS LOS WAR?", FRAGT YUSUF.

HERR BRILL NICKT. „NA KLAR!
JEDER HAT DIE FRAGE BEANTWORTET,
DIE ICH SEINEM VORGÄNGER
GESTELLT HATTE."
ER SCHMUNZELT. „GUTER **APRILSCHERZ**!
ABER NÄCHSTES JAHR BIN ICH DRAN!"
DARAUF FREUT SICH DIE 2C JETZT SCHON!

EIN GUTER GRUND

"UND BITTE DENKT DARAN",
MAHNT FRAU WOLKE IHRE KLASSE,
"WIR MÜSSEN PÜNKTLICH
UM 10 UHR IM THEATER SEIN.
SONST LÄSST MAN UNS ERST
NACH DER PAUSE HEREIN."

DIE KLASSE NICKT.

NUR IDA TRÄUMT MAL WIEDER.

„IDA, DAS GILT AUCH FÜR DICH!",

SAGT FRAU WOLKE.

IDA KOMMT STÄNDIG ZU SPÄT.

SIE SIEHT ETWAS SPANNENDES

UND SCHON VERGISST SIE DIE ZEIT.

„NICHT, DASS DICH WIEDER ALLE
SUCHEN MÜSSEN", SAGT MAX.
IDA WIRD ROT.
BEIM AUSFLUG IN DEN BLINDENGARTEN
FEHLTE IDA IRGENDWANN.
AUCH IM MUSEUM GING SIE VERLOREN.
PUH, DAS HATTE ÄRGER GEGEBEN!

FRAU WOLKE BLICKT AUF DIE UHR.
„SO, WIR SOLLTEN STARTEN!"
DIE KLASSE ZIEHT LOS.
ES GEHT QUER DURCH DIE STADT.
IDA BLEIBT AN FRAU WOLKES SEITE.
ZUR SICHERHEIT ...

DA TIPPT JANNIK SIE VON HINTEN AN:
„HAST DU EIN TASCHENTUCH, IDA?"
„ICH GLAUBE SCHON! WARTE!"
IDA WÜHLT IN IHREM RUCKSACK.
DA SIEHT SIE EINEN MANN,
DER AUS DER BANK HERAUSKOMMT.
IRGENDETWAS IST SELTSAM AN IHM!

KLAR, DIE SCHWARZE MÜTZE!
DIE BEDECKT SEIN HALBES GESICHT!
DABEI IST ES TOTAL WARM HEUTE.
ER RENNT QUER ÜBER DIE KREUZUNG.
GANZ SCHÖN GEFÄHRLICH!
UND DAS MIT DIESER GROSSEN TASCHE!

AH, ER SPRINGT AUF EINEN ROLLER!

JETZT GIBT ER HEKTISCH GAS.

IDA SCHNAPPT NACH LUFT:

DER HÄTTE FAST DIE FRAU UMGEFAHREN!

KAUM IST DER TYP VERSCHWUNDEN,

HÖRT IDA SIRENEN AUFHEULEN.

DANN HALTEN MEHRERE POLIZEIWAGEN
MIT QUIETSCHENDEN REIFEN
VOR DER BANK.
WAR DAS EBEN ETWA EIN ÜBERFALL?
IDA BLICKT SICH UM: WO IST JANNIK?
FRAU WOLKE? UND IHRE KLASSE?

IDA WIRD HEISS. NICHT SCHON WIEDER!
SCHNELL HINTERHER!
ABER DA NÄHERT SICH EIN POLIZIST.
„DIE BANK IST ÜBERFALLEN WORDEN",
ERKLÄRT ER. „HAST DU ETWAS GESEHEN?"
IDA NICKT. „ÄH, JA, ABER ICH MUSS …"

„SPÄTER!", SAGT DER POLIZIST ERNST.
„DAS HIER IST SEHR WICHTIG!"
DA ERZÄHLT IDA VON DEM MANN
MIT DER MÜTZE UND DEM ROLLER.
SIE KANN IHN GENAU BESCHREIBEN.

DER POLIZIST IST BEEINDRUCKT.
„WEISST DU DIE MARKE DES ROLLERS?"
IDA SCHÜTTELT DEN KOPF.
„NEIN, ABER DAS KENNZEICHEN!"
„WAS? WIRKLICH? – DIKTIER MAL!"
DER POLIZIST ZÜCKT SEIN FUNKGERÄT
UND GIBT DIE NUMMER DIREKT DURCH.

PLÖTZLICH STUTZT ER.

„UPS, WARUM WEINST DU DENN?"

„W…WEIL ICH WIEDER ZU SPÄT KOMME",

SCHLUCHZT IDA, „I…INS THEATER!"

„VON WEGEN!", SAGT DER POLIZIST.

„DU BEKOMMST EINE EXPRESSFAHRT!"

DIE KLASSE STAUNT NICHT SCHLECHT,
ALS IDA MIT TATÜTATA VORFÄHRT.
NOCH MEHR ABER STAUNT FRAU WOLKE,
ALS DER POLIZIST IHR ERKLÄRT,
WAS PASSIERT IST.

„DANK IDAS AUFMERKSAMKEIT
IST DER FALL SO GUT WIE GELÖST",
ERKLÄRT ER, „EIN TOLLES MÄDCHEN!"
FRAU WOLKE ZWINKERT IDA ZU.
„DAS WEISS ICH DOCH!"

KLASSENSTREIT

ES BEGINNT BEIM **SPORTFEST**:
DIE KLASSEN 2A UND 2B TRETEN
BEIM STAFFELLAUF GEGENEINANDER AN.
ERST LIEGT DIE 2B EINDEUTIG VORN.
ABER MILAN, DER LETZTE LÄUFER DER 2A,
IST WAHNSINNIG SCHNELL.

JETZT HOLT ER BEN AUS DER 2B EIN!
NUR NOCH 50 METER BIS ZUM ZIEL!
DIE KLASSEN FEUERN IHRE LÄUFER AN.
DA PASSIERT ES:
BEN STREIFT MILANS ARM,
GANZ LEICHT NUR.
ABER MILAN LÄSST DEN STAB FALLEN!

BEN JAGT DURCHS ZIEL.

DIE KLASSE 2B JUBELT LAUT.

AUS DER 2A SIND BUH-RUFE ZU HÖREN.

„DAS WAR ABSICHT!", ZISCHT KILIAN.

„BEN HAT MILAN GESTOSSEN.

SONST HÄTTEN WIR GEWONNEN."

DIE ANDEREN NICKEN: „TOTAL UNFAIR!"

„SO EIN QUATSCH!", RUFT BEN.
„DAS WAR ZUFALL, IHR PFEIFEN!"
„GENAU!", PFLICHTET MERVE BEN BEI.
„IHR SEID NUR SCHLECHTE VERLIERER!"
WÜTEND STEHEN SICH
DIE BEIDEN KLASSEN GEGENÜBER.

„WIR REDEN KEIN WORT MEHR
MIT DENEN! KEINER VON UNS, KLAR?",
VERLANGT BEN VON SEINER KLASSE.
DIE 2B NICKT, ABER EINIGE ZÖGERN.
ZU DENEN GEHÖRT AUCH MARA.
IHRE FREUNDIN LEONIE GEHT IN DIE 2A.
AUCH JONAS AUS DER 2A IST NETT.

IN DER PAUSE WAGEN DIE DREI
NICHT ZUSAMMEN ZU SPIELEN!
„DAS IST DOCH BLÖD!", FLÜSTERT JONAS.
MARA UND LEONIE NICKEN.
SIE GEHEN ZURÜCK IN IHRE KLASSEN.
NANU, WER HOCKT DENN DA AM BODEN?

ES IST BEN. SEIN KNIE BLUTET STARK!

UND ER IST GANZ BLASS UM DIE NASE.

„MIST, ICH BIN GESTOLPERT", FLUCHT ER.

MARA REAGIERT SCHNELL.

„JONAS BLEIBT BEI DIR.

LEONIE BRINGT KALTES WASSER.

UND ICH HOLE HILFE, JA?"

„A…A…ABER JONAS IST AUS DER 2A!",
WIDERSPRICHT BEN.
„REDE KEINEN QUARK!", SAGT JONAS.
ER ZIEHT SEINE JACKE AUS
UND LEGT SIE UNTER BENS BEIN.
DA KOMMT MARA ZURÜCK,
EINE LEHRERIN IM SCHLEPPTAU.

WÄHREND DIE LEHRERIN
BENS BEIN VERBINDET,
HOLT JONAS BENS RANZEN.
LEONIE BRINGT EIN GLAS WASSER.
KILIAN GEHT INS SEKRETARIAT,
DAMIT BENS ELTERN INFORMIERT WERDEN.

ALLES KLAPPT WIE AM SCHNÜRCHEN.

UND NIEMANDEN INTERESSIERT MEHR,

WER AUS DER 2A UND AUS DER 2B IST.

„DANKE EUCH ALLEN", SAGT BEN.

MARA GRINST.

„TJA, ZUSAMMEN SIND WIR STARK!"

Fragen und Antworten

1. **Wer ist Amir und wer ist Tim?
Schreibe die Namen unter die Bilder.**

------------   ------------

Antwort: Links ist Amir, rechts ist Tim.

2. **Was kommt in der ersten Geschichte nicht vor? Kreuze an.**

☐ Goethe-Denkmal

☐ Schloss

☐ Rathaus

Antwort: Schloss

3. **Welches Team gewinnt die Stadt-Rallye? Kreise ein.**

Antwort: Das blaue Team

4. **Verkehrt herum! Wie ist der Vorname des neuen Lehrers aus der zweiten Geschichte? Kreuze an.**

☐ Divad

☐ Felted

☐ Leinad

Antwort: Daniel

5. **Welches Wort fehlt in diesem Satz? Trage es ein.**

Jeder hat die Frage beantwortet, die ich

seinem _____ gestellt hatte.

Antwort: Vorgänger

Fragen und Antworten

6. **Wohin geht Idas Klasse in der dritten Geschichte? Kreise das richtige Wort ein.**

KINOFILMTHEATERZOOMUSEUMSPIELPLATZ

Antwort: Theater

7. **Wie viele Buchstaben hat der Nachname von Idas Lehrerin?**

Antwort: Der Name Wolke hat fünf Buchstaben.

8. **Welcher Satz kommt in der Geschichte vor? Kreuze an.**

☐ Du bekommst eine Expressreise!

☐ Du bekommst eine Expressfahrt!

☐ Du bekommst einen Expressflug!

Antwort: Du bekommst eine Expressfahrt!

9. **Lies genau in Spiegelschrift. In welcher Klasse ist Ben aus der letzten Geschichte?**

2a 2b 2p

Antwort: In der 2b.

10. **Wer macht was? Verbinde die Kinder mit den richtigen Tätigkeiten.**

Antwort: Jonas holt den Ranzen und Leonie bringt ein Glas Wasser.

11. **Welches Wort kommt nicht in der vierten Geschichte vor? Kreise ein.**

Sportfest

Bocksprung

Staffel-Lauf

Antwort: Bocksprung

Schon gewusst?

Wandertag (Seite 8):

Bei einem Wandertag hat die Klasse einen Tag lang keinen Unterricht in der Schule, sondern macht einen Ausflug. Manche Klassen gehen tatsächlich wandern, andere besichtigen zum Beispiel ein Museum oder gehen ins Theater.

Team (Seite 11):

In einem Team arbeiten oder spielen mehrere Menschen zusammen. Beim Sport ist Team ein anderes Wort für Mannschaft. Aber auch eine Klasse kann ein Team sein, wenn alle zusammenhalten.

Klassensprecher (Seite 24):

Der Klassensprecher wird von der Klasse gewählt. Er ist der Vertreter aller Kinder in der Klasse. Er hilft zum Beispiel bei einem Streit unter den Schülern oder mit einem Lehrer. Der Schulsprecher ist der Vertreter aller Schüler der Schule.

Aprilscherz (Seite 29):

In Deutschland und vielen anderen Ländern in Europa ist es üblich, am 1. April andere „in den April zu schicken", also zu veräppeln. Warum es den Aprilscherz gibt und nicht zum Beispiel einen Maischerz, weiß man nicht genau.

Sportfest (Seite 44):

Bei einem Sportfest an der Schule treten die Klassen in verschiedenen Sportarten gegeneinander an. Oft gibt es hinterher noch ein Schulfest, um gemeinsam zu feiern.

Blättere schnell um und trage die roten Buchstaben in der richtigen Reihenfolge in die Kästchen ein!

Katja Reider war Pressesprecherin des Wettbewerbs *Jugend forscht*, bevor sie zu schreiben begann. Inzwischen hat sie mehr als hundert Kinder- und Jugendbücher veröffentlicht, die in viele Sprachen übersetzt wurden. Weitere Infos unter www.KatjaReider.de.

Geboren wurde **Stéffie Becker** 1977 in Frankreich. Mit vier Jahren kam sie mit ihrer Familie und vielen Buntstiften nach Deutschland. Später studierte sie Kommunikationsdesign und machte sich 2003 als Illustratorin selbstständig. Heute lebt Stéffie Becker mit ihrem Mann und ihren zwei Söhnen in der Nähe von Bad Honnef.

Das Leselöwen-Lösungswort

Besuche den Leselöwen auf
www.leseloewen.de und trage
die farbigen Buchstaben
von den Seiten *Schon gewusst?*
in der richtigen Reihenfolge
in die magische Box ein.

Wenn du das Lösungswort
gefunden hast, kommst du
auf die geheime Seite mit vielen
weiteren Spielen und Rätseln!

Der Leselöwe freut sich auf dich!

Jetzt online!